Impressum
Verlag: BABADADA GmbH, Nedderfeld 112 , 22529 Hamburg
Geschäftsführer / Verlagsleitung. Harald Hof
Druck: Books on Demand GmbH, In de Tarpen 42, 22848 Norderstedt

Imprint
Publisher: BABADADA GmbH, Nedderfeld 112 , 22529 Hamburg, Germany
Managing Director / Publishing direction: Harald Hof
Print: Books on Demand GmbH, In de Tarpen 42, 22848 Norderstedt

school

koulu

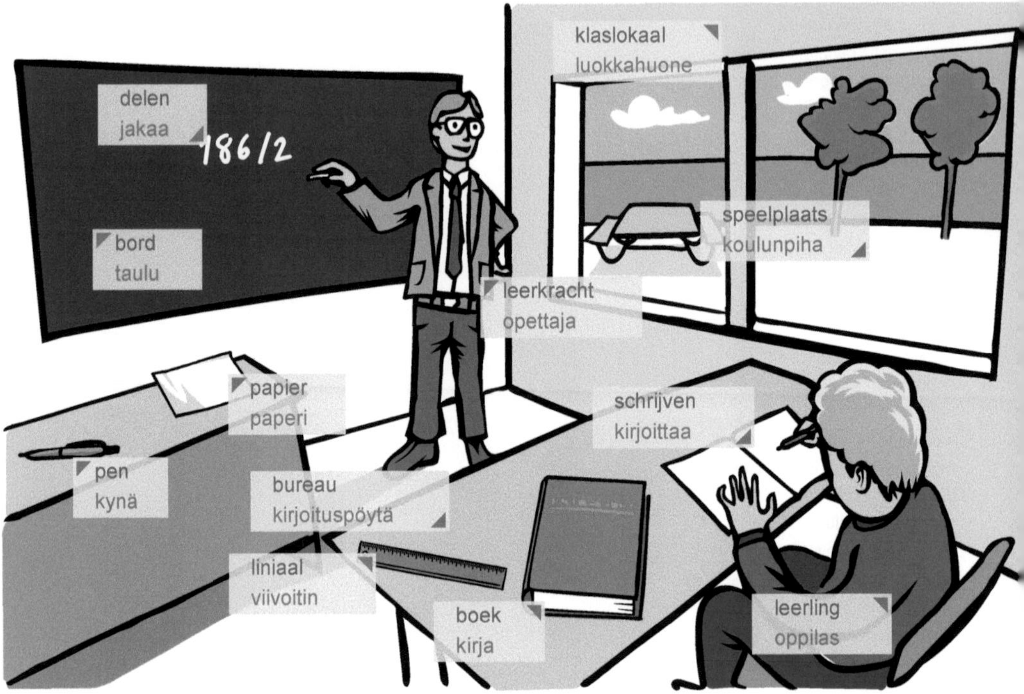

klaslokaal
luokkahuone
delen
jakaa
186/2
bord
taulu
speelplaats
koulunpiha
leerkracht
opettaja
papier
paperi
schrijven
kirjoittaa
pen
kynä
bureau
kirjoituspöytä
liniaal
viivoitin
boek
kirja
leerling
oppilas

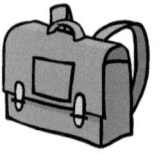

schooltas

reppu

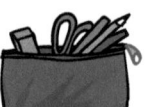

pennenzak

penaali

potlood

lyijykynä

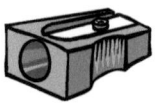

puntenslijper

kynänteroitin

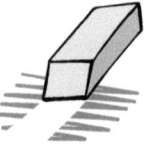

gom

pyyhekumi

tekenblok

piirustuslehtiö

tekening
piirustus

verfborstel
pensseli

verfdoos
vesivärit

schaar
sakset

lijm
liima

werkboek
harjoituskirja

huiswerk
kotitehtävä

nummer
luku

optellen
lisätä

aftrekken
vähentää

vermenigvuldigen
kertoa

rekenen
laskea

letter
kirjain

alfabet
aakkoset

woord
sana

tekst

teksti

Lezen

lukea

krijt

liitu

les

oppitunti

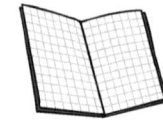

klassenboek

opettajan muistikirja

examen

koe

certificaat

todistus

schooluniform

koulupuku

onderwijs

koulutus

encyclopedie

sanakirja

universiteit

yliopisto

microscoop

mikroskooppi

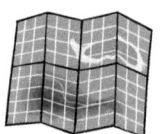

kaart

kartta

papiermand

roskakori

reis
matka

hotel
hotelli
Grand
jeugdherberg
retkeilymaja
ROOMS
wisselkantoor
rahanvaihto
CHANGE
koffer
matkalaukku
auto
auto

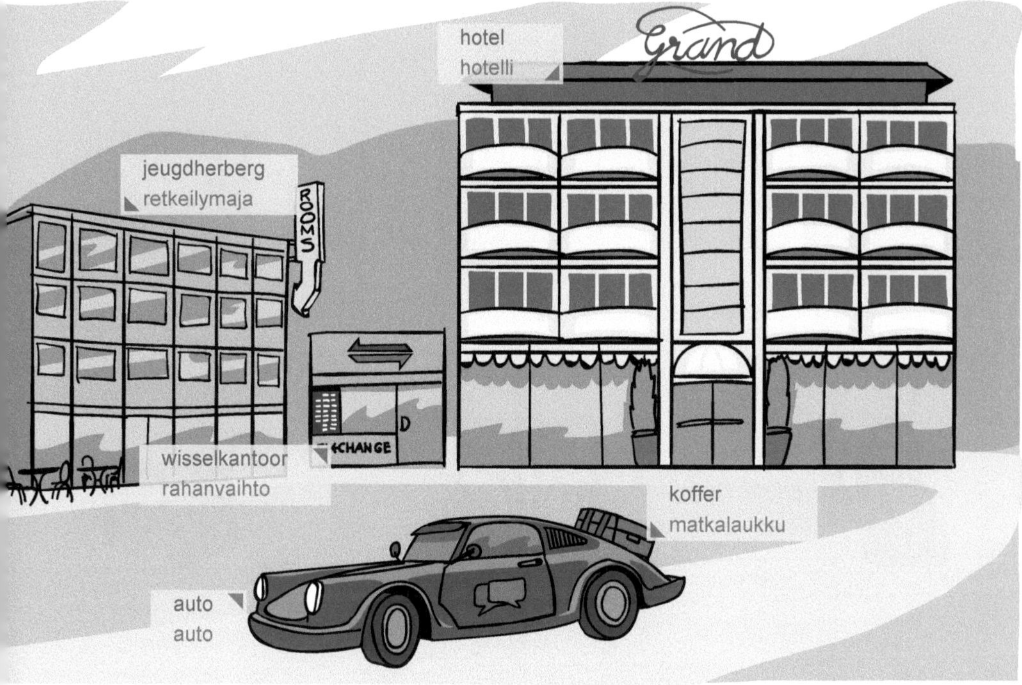

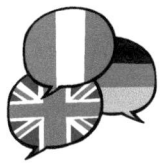

Taal
kieli

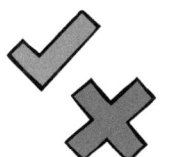

ja / nee
kyllä / ei

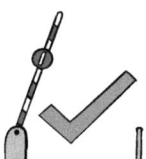

oké
selvä

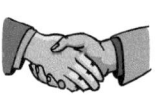

hallo
hei

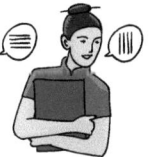

vertaler
tulkki

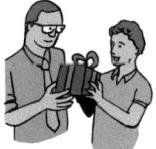

bedankt
kiitos

Hoeveel kost ...?

Paljonko...maksaa?

Ik begrijp het niet

en ymmärrä

probleem

ongelma

Goedenavond!

Hyvää iltaa!

Goedemorgen!

Hyvää huomenta!

Goedenavond!

Hyvää yötä!

Tot ziens

näkemiin

richting

suunta

bagage

matkatavarat

zak

laukku

rugzak

reppu

gast

vieras

kamer

huone

slaapzak

makuupussi

tent

teltta

toeristeninformatie
turisti-info

strand
ranta

kredietkaart
luottokortti

ontbijt
aamupala

lunch
lounas

avondeten
päivällinen

ticket
matkalippu

lift
hissi

postzegel
postimerkki

grens
raja

douane
tulli

ambassade
suurlähetystö

visum
viisumi

paspoort
passi

transport
kuljetus

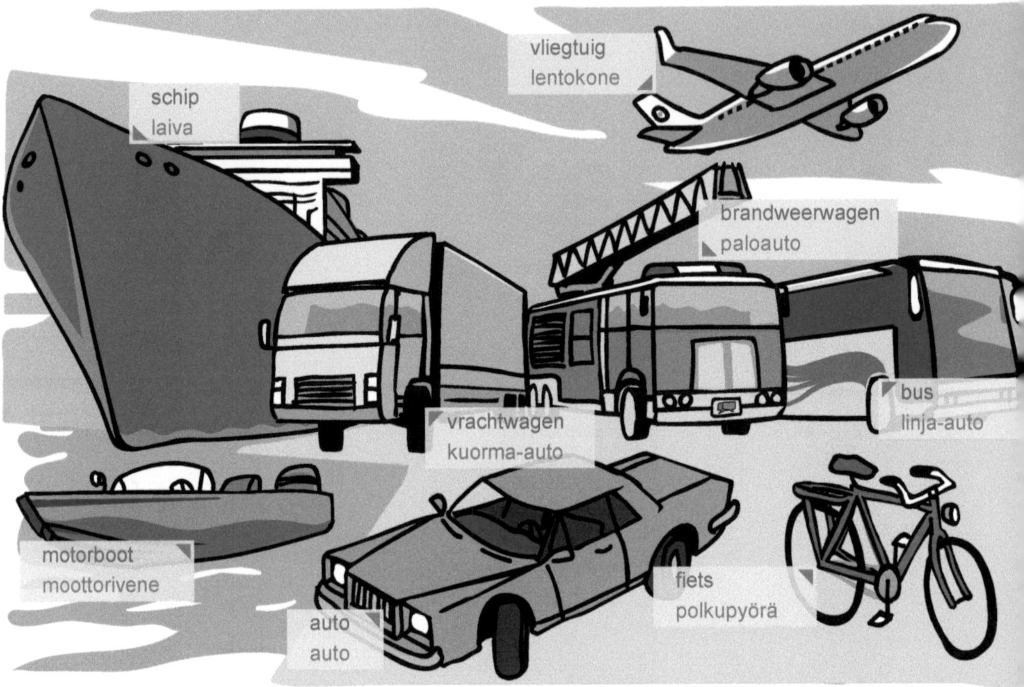
vliegtuig
lentokone
schip
laiva
brandweerwagen
paloauto
bus
linja-auto
vrachtwagen
kuorma-auto
motorboot
moottorivene
fiets
polkupyörä
auto
auto

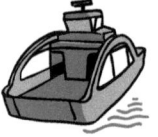

veerboot

lautta

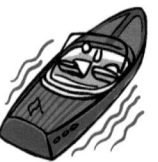

boot

vene

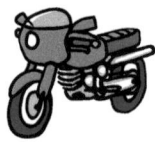

motor

moottoripyörä

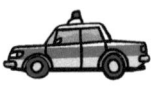

politiewagen

poliisiauto

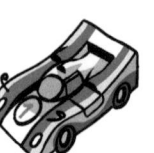

racewagen

kilpa-auto

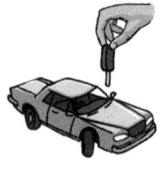

huurauto

vuokra-auto

carpoolen

car sharing

sleepwagen

hinausauto

vuilniswagen

roska-auto

motor

moottori

benzine

polttoaine

benzinestation

huoltoasema

verkeersbord

liikennemerkki

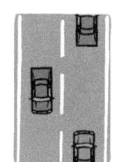

verkeer

liikenne

file

ruuhka

parkeerplaats

parkkipaikka

station

rautatieasema

sporen

raiteet

trein

juna

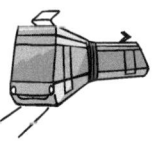

tram

raitiovaunu

wagon

vaunu

helikopter

helikopteri

luchthaven

lentokenttä

toren

lähilennonjohto

passagier

matkustaja

container

kontti

karton

pahvilaatikko

kar

kärryt

mand

kori

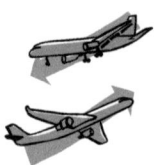

opstijgen / landen

nousta / laskea

stad
kaupunki

dorp

kylä

stadscentrum

keskusta

huis

talo

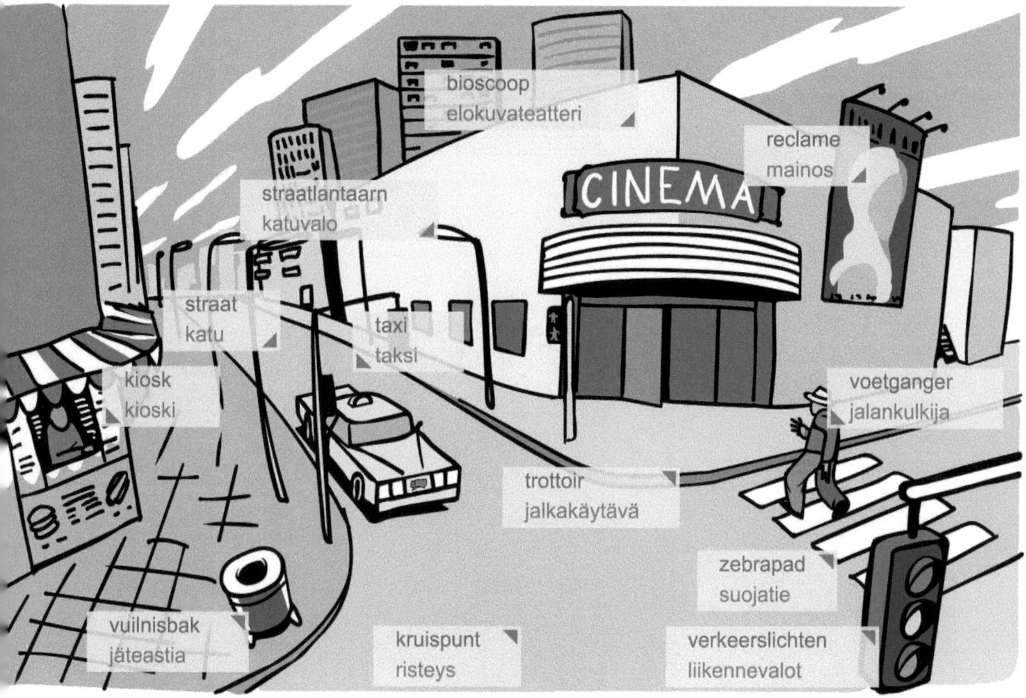

![Cityscape illustration with labels]

bioscoop
elokuvateatteri

reclame
mainos

straatlantaarn
katuvalo

CINEMA

straat
katu

taxi
taksi

kiosk
kioski

voetganger
jalankulkija

trottoir
jalkakäytävä

zebrapad
suojatie

vuilnisbak
jäteastia

kruispunt
risteys

verkeerslichten
liikennevalot

hut
mökki

woning
kerrostalo

station
rautatieasema

stadshuis
kaupungintalo

museum
museo

school
koulu

universiteit
yliopisto

bank
pankki

ziekenhuis
sairaala

hotel
hotelli

apotheek
apteekki

kantoor
toimisto

boekwinkel
kirjakauppa

winkel
liike

bloemenwinkel
kukkakauppa

supermarkt
supermarketti

markt
tori

warenhuis
tavaratalo

vishandelaar
kalakauppias

winkelcentrum
ostoskeskus

haven
satama

park

puisto

bank

penkki

brug

silta

trap

portaat

metro

metro

tunnel

tunneli

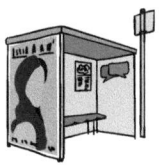

bushalte

linja-autopysäkki

bar

baari

restaurant

ravintola

brievenbus

postilaatikko

straatnaambord

katukyltti

parkeermeter

parkkimittari

zoo

eläintarha

zwembad

uimala

moskee

moskeija

boerderij

maatila

milieuverontreiniging

ympäristön saastuminen

kerkhof

hautausmaa

kerk

kirkko

speelplaats

leikkikenttä

tempel

temppeli

landschap
maisema

blad
lehti

wegwijzer
tienviitta

weg
tie

weide
niitty

steen
kivi

wandelaar
retkeilijä

boom
puu

rivier
joki

gras
ruoho

bloem
kukka

vallei

laakso

heuvel

vuori

meer

järvi

bos

metsä

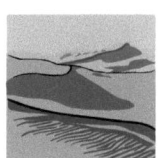

woestijn

aavikko

vulkaan

tulivuori

kasteel

linna

regenboog

sateenkaari

paddenstoel

sieni

palmboom

palmu

mug

hyttynen

vlieg

kärpänen

mier

muurahainen

bijl

mehiläinen

spin

hämähäkki

kever

kovakuoriainen

kikker

sammakko

eekhoorn

orava

egel

siili

haas

jänis

uil

pöllö

vogel

lintu

zwaan

joutsen

wild zwijn

villisika

hert

peura

eland

hirvi

dam

pato

windturbine

tuulimylly

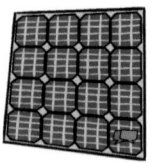

zonnepaneel

aurinkopaneeli

klimaat

ilmasto

restaurant
ravintola

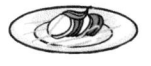

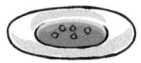

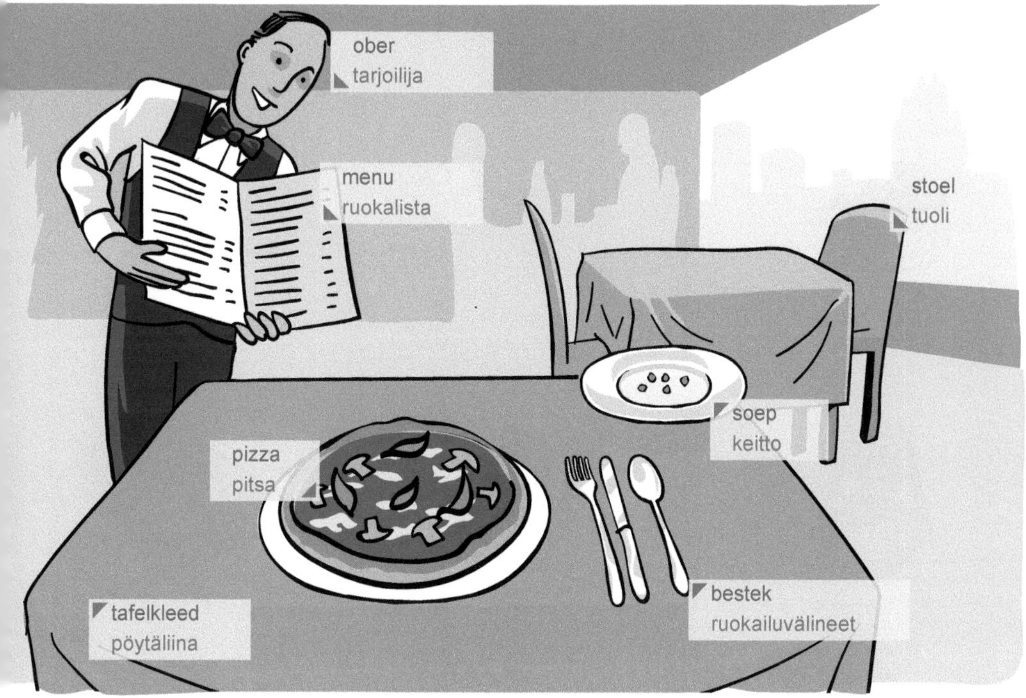
ober
tarjoilija
menu
ruokalista
stoel
tuoli
soep
keitto
pizza
pitsa
bestek
ruokailuvälineet
tafelkleed
pöytäliina

voorgerecht

alkuruoka

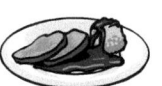

hoofdgerecht

pääruoka

nagerecht

jälkiruoka

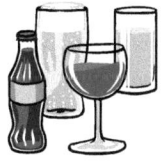

drankjes

juomat

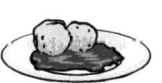

eten

ruoka

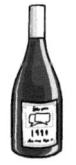

fles

pullo

fastfood

pikaruoka

street food

katuruoka

theepot

teekannu

suikerpot

sokeriastia

portie

annos

espressomachine

espressokeitin

kinderstoel

syöttötuoli

rekening

lasku

dienblad

tarjotin

mes

veitsi

vork

haarukka

lepel

lusikka

theelepel

teelusikka

serviette

servietti

glas

lasi

bord

lautanen

soepbord

syvä lautanen

schoteltje

aluslautanen

saus

kastike

zoutvatje

suolasirotin

pepermolen

pippurimylly

azijn

etikka

olie

öljy

kruiden

mausteet

ketchup

ketsuppi

mosterd

sinappi

mayonaise

majoneesi

supermarkt
supermarketti

aanbieding
tarjous
FOR
klant
asiakas
zuivelproducten
maitotuotteet
fruit
hedelmät
winkelwagen
ostoskärryt

BUTCHERS

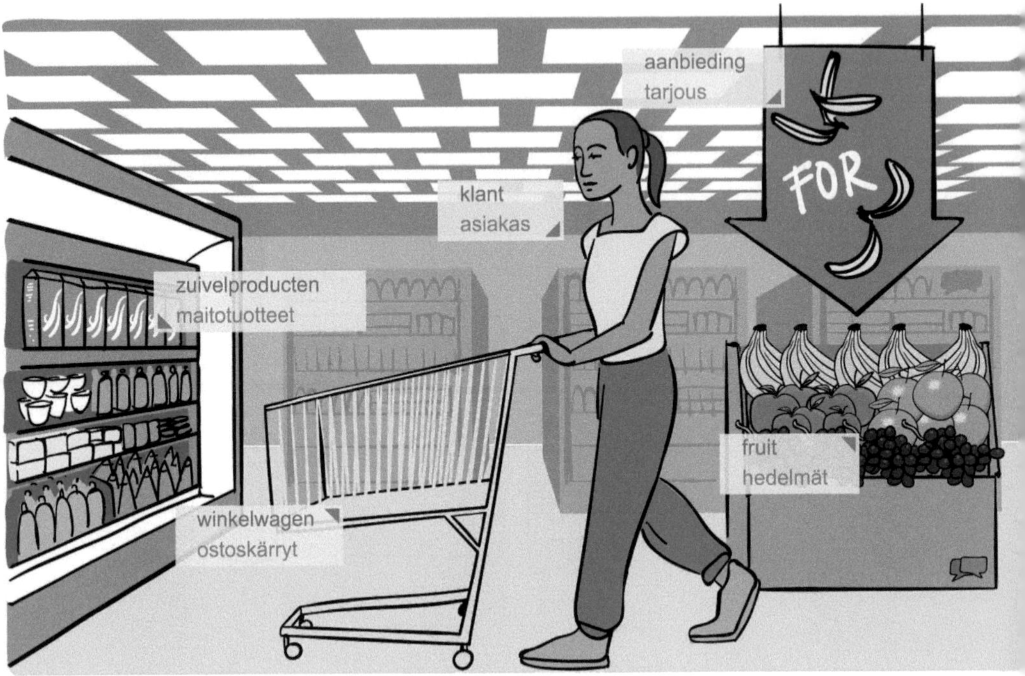

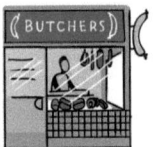

slagerij

teurastamo

BAKERY

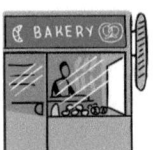

bakkerij

leipomo

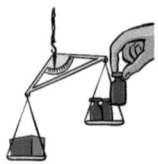

wegen

punnita

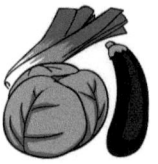

groenten

kasvikset

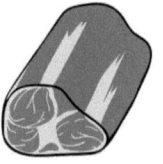

vlees

liha

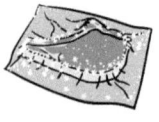

diepvriesvoedsel

pakasteet

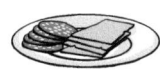

charcuterie

leikkele

conserven

säilykkeet

waspoeder

pesujauhe

snoep

makeiset

huishoudproducten

kotitaloustarvikkeet

schoonmaakproducten

puhdistusaineet

verkoopster

myyjä

kassa

kassa

kassier

kassanhoitaja

boodschappenlijstje

ostoslista

openingstijden

aukioloajat

portefeuille

lompakko

kredietkaart

luottokortti

tas

kassi

plastieken zakje

muovipussi

water

vesi

sap

mehu

melk

maito

cola

kokis

wijn

viini

bier

olut

alcohol

alkoholi

cacao

kaakao

thee

tee

koffie

kahvi

espresso

espresso

cappuccino

cappuccino

banaan

banaani

appel

omena

sinaasappel

appelsiini

meloen

meloni

citroen

sitruuna

wortel

porkkana

knoflook

valkosipuli

bamboe

bambu

ajuin

sipuli

champignon

sieni

noten

pähkinät

noodles

spagetti

spaghetti

spagetti

rijst

riisi

salade

salaatti

frieten

ranskalaiset

gebakken aardappelen

paistetut perunat

pizza

pitsa

hamburger

hampurilainen

sandwich

voileipä

kalfslapje

leike

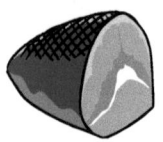

ham

kinkku

salami

salami

worst

makkara

kip

kana

braden

paisti

vis

kala

havervlokken

kaurahiutaleet

muesli

mysli

cornflakes

murot

bloem

jauho

croissant

voisarvi

pistolet

sämpylä

brood

leipä

toast

paahtoleipä

koekjes

keksit

boter

voi

kwark

rahka

taart

kakku

ei

kananmuna

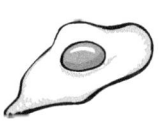

spiegelei

paistettu kananmuna

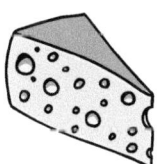

kaas

juusto

ijs

jäätelö

suiker

sokeri

honing

hunaja

confituur

hillo

choco

suklaapähkinälevite

curry

curry

boerderij
maatila

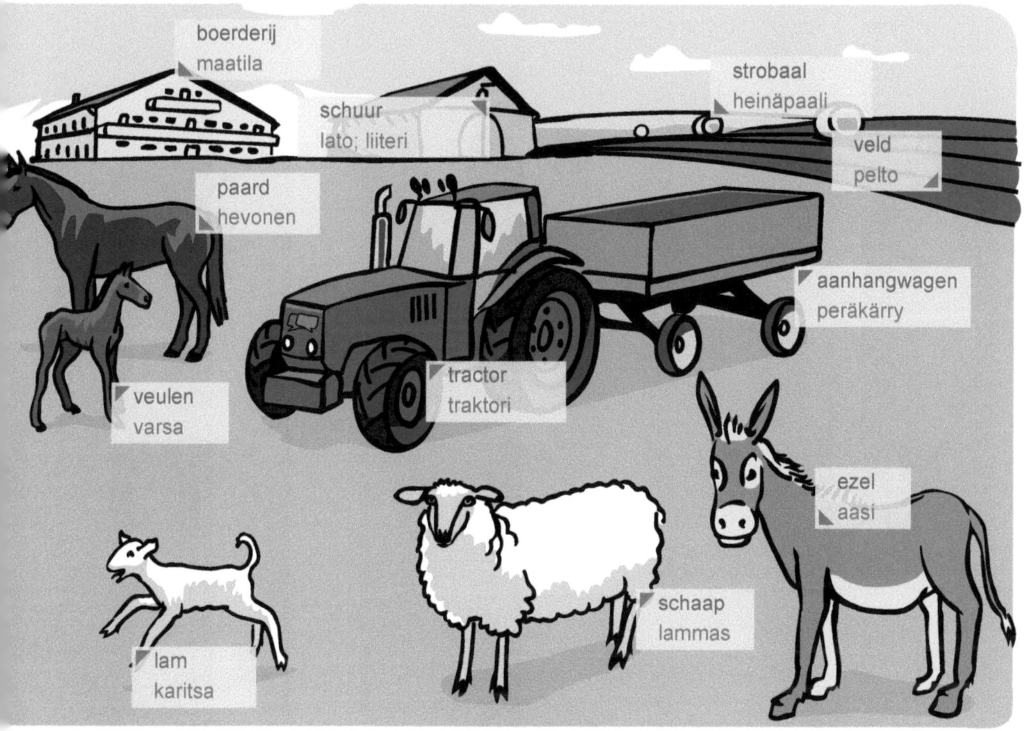
boerderij
maatila
schuur
lato; liiteri
strobaal
heinäpaali
veld
pelto
paard
hevonen
aanhangwagen
peräkärry
tractor
traktori
veulen
varsa
ezel
aasi
schaap
lammas
lam
karitsa

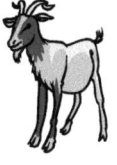

geit

vuohi

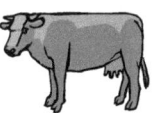

koe

lehmä

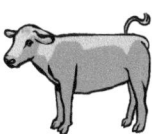

kalf

vasikka

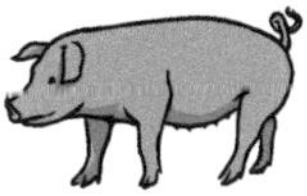

varken

sika

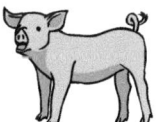

biggetje

porsas

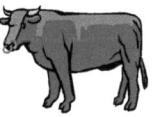

stier

sonni

gans
hanhi

eend
ankka

kuiken
tipu

kip
kana

haan
kukko

rat
rotta

kat
kissa

muis
hiiri

os
härkä

hond
koira

hondenhok
koirankoppi

tuinslang
puutarhaletku

gieter
kastelukannu

zeis
viikate

ploeg
aura

sikkel

sirppi

schoffel

kuokka

hooivork

talikko

bijl

kirves

kruiwagen

kottikärryt

trog

kaukalo

melkkan

maitokannu

zak

säkki

hek

aita

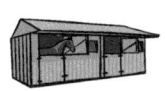

stal

talli

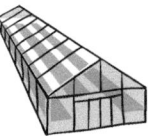

broeikas

kasvihuone

bodem

maa

zaad

siemen

mest

lannoite

maaidorser

leikkuupuimuri

oogsten

kerätä sato

oogst

sato

yam

jamssit

tarwe

vehnä

soja

soija

aardappel

peruna

maïs

maissi

koolzaad

rypsi

fruitboom

hedelmäpuu

maniok

maniokki

graan

vilja

huis
talo

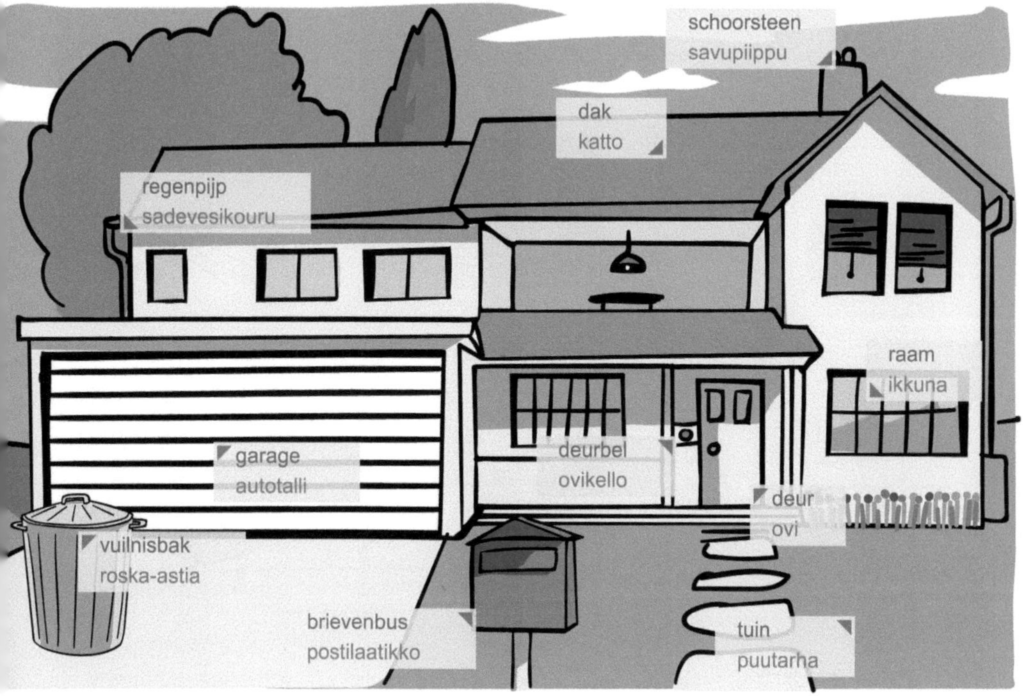

schoorsteen
savupiippu
dak
katto
regenpijp
sadevesikouru
raam
ikkuna
garage
autotalli
deurbel
ovikello
deur
ovi
vuilnisbak
roska-astia
brievenbus
postilaatikko
tuin
puutarha

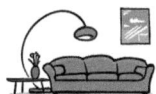

woonkamer
olohuone

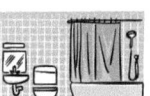

badkamer
kylpyhuone

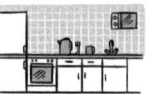

keuken
keittiö

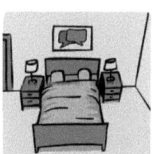

slaapkamer
makuuhuone

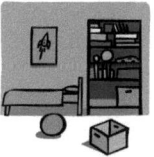

kinderkamer
lastenhuone

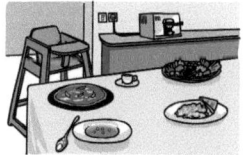

eetkamer
ruokahuone

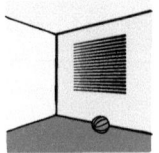

vloer

lattia

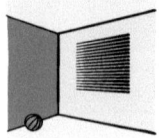

muur

seinä

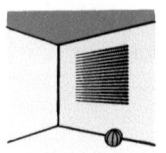

plafond

katto

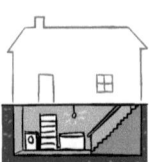

kelder

kellari

sauna

sauna

balkon

parveke

terras

terassi

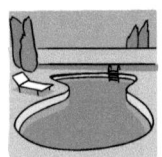

zwembad

uima-allas

grasmaaier

ruohonleikkuri

dekbedovertrek

lakana

dekbed

päiväpeitto

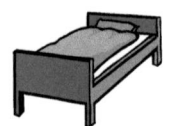

bed

sänky

bezem

harja

emmer

ämpäri

schakelaar

katkaisin

woonkamer
olohuone

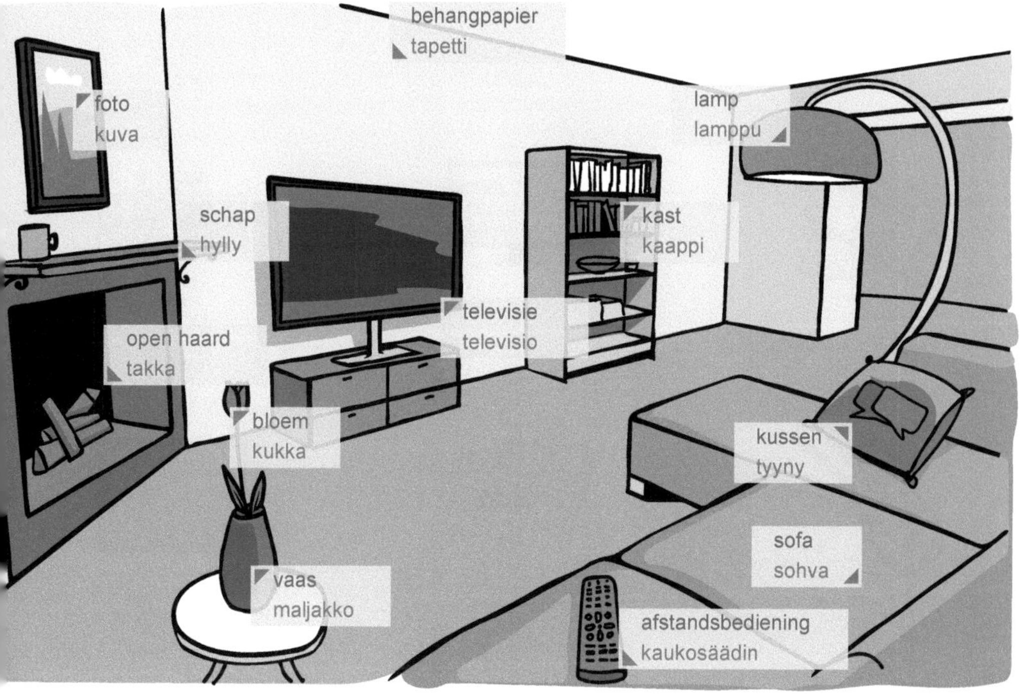
behangpapier
tapetti
foto
kuva
lamp
lamppu
schap
hylly
kast
kaappi
televisie
televisio
open haard
takka
bloem
kukka
kussen
tyyny
sofa
sohva
vaas
maljakko
afstandsbediening
kaukosäädin

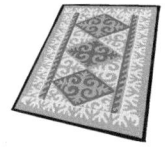

mat

matto

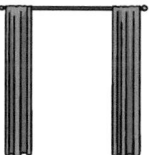

gordijn

verho

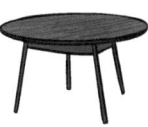

tafel

pöytä

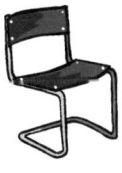

stoel

tuoli

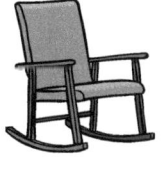

schommelstoel

keinutuoli

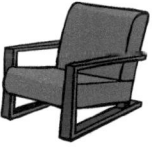

fauteuil

nojatuoli

boek

kirja

deken

peitto

decoratie

koriste

brandhout

polttopuut

film

elokuva

stereo-installatie

stereot

sleutel

avain

krant

sanomalehti

schilderij

maalaus

poster

juliste

radio

radio

notitieboekje

muistivihko

stofzuiger

pölynimuri

cactus

kaktus

kaars

kynttilä

keuken
keittiö

koelkast
jääkaappi
microgolfoven
mikroaaltouuni
keukenweegschaal
keittiövaaka
broodrooster
leivänpaahdin
afwasmiddel
pesuaine
oven
leivinuuni
vriesvak
pakastinlokero
vuilnisbak
roska-astia
vaatwasmachine
astianpesukone

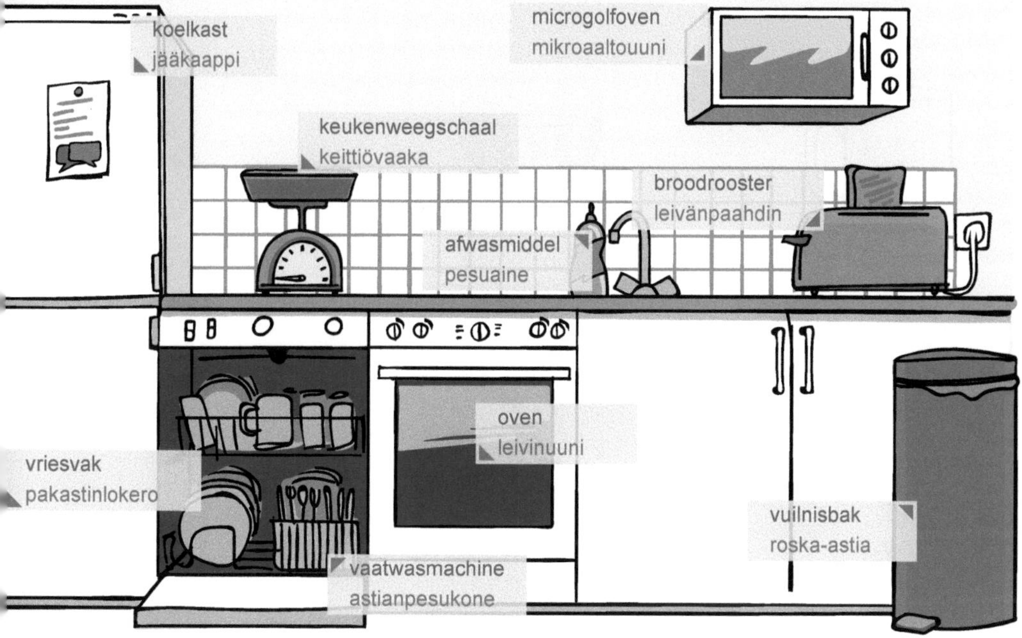

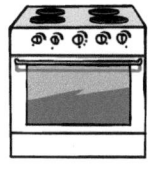

fornuis

liesi

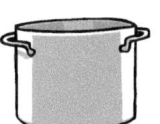

pot

kattila

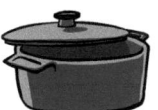

gietijzeren pot

rautapata

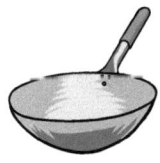

wok / kadai

okkipannu / kadai-pannu

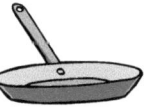

pan

paistinpannu

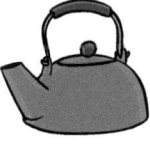

waterkoker

teepannu

stoomkoker

höyrykeitin

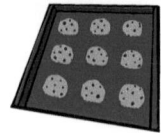

bakplaat

uunipelti

servies

astiat

mok

muki

kom

kulho

eetstokjes

syömäpuikot

pollepel

kauha

spatel

paistinlasta

garde

vispilä

vergiet

siivilä

zeef

siivilä

rasp

raastin

mortier

mortteli

barbecue

grilli

haardvuur

avotuli

snijplank

leikkuulauta

deegrol

kaulin

kurkentrekker

korkinavaaja

blik

purkki

blikopener

purkinavaaja

pannenlap

pannulappu

gootsteen

lavuaari

borstel

tiskiharja

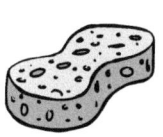

spons

pesusieni

blender

tehosekoitin

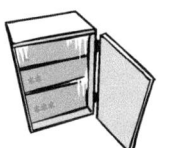

vriezer

pakastin

papfles

tuttipullo

kraan

vesihana

badkamer
kylpyhuone

verwarming
lämmitys
handdoek
pyyhe
douche
suihku
douchegordijn
suihkuverho
bubbelbad
vaahtokylpy
badkuip
kylpyamme
glas
lasi
wasmachine
pesukone
kraan
vesihana
tegels
kaakelit
kinderpo
potta
gootsteen
lavuaari

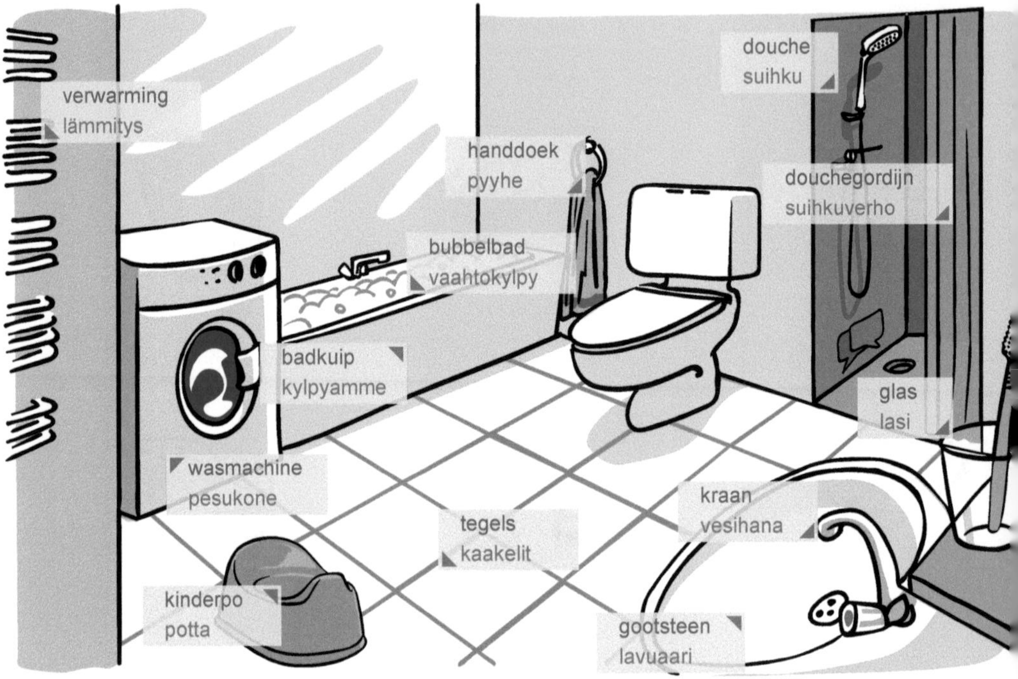

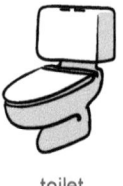

toilet
vessa

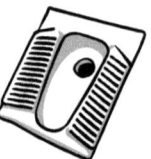

hurktoilet
kyykkyvessa

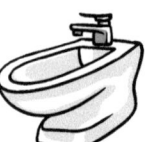

bidet
bidee

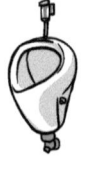

urinoir
pisuaari

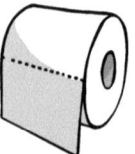

toiletpapier
vessapaperi

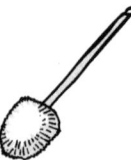

toiletborstel
vessaharja

tandenborstel

hammasharja

tandpasta

hammastahna

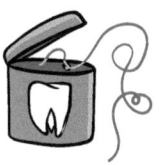

flosdraad

hammaslanka

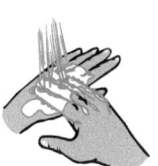

wassen

pestä

handdouche

käsisuihku

bidethanddouche

intiimisuihku

waskom

pesuvati

rugborstel

selkäharja

zeep

saippua

douchegel

suihkugeeli

shampoo

shampoo

washandje

pesulappu

afvoer

viemäri

crème

voide

deodorant

deodorantti

spiegel

peili

handspiegel

käsipeili

scheermes

partaveitsi

scheerschuim

partavaahto

aftershave

partavesi

kam

kampa

borstel

harja

haardroger

hiustenkuivaaja

haarlak

hiuslakka

make-up

meikki

lippenstift

huulipuna

nagellak

kynsilakka

watten

pumpuli

nagelknipper

kynsisakset

parfum

hajuvesi

toilettas
kosmetiikkalaukku

kruk
jakkara

weegschaal
vaaka

badjas
kylpytakki

latex handschoenen
kumihansikkaat

tampon
tamponi

maandverband
terveysside

chemisch toilet
kemiallinen wc

kinderkamer
lastenhuone

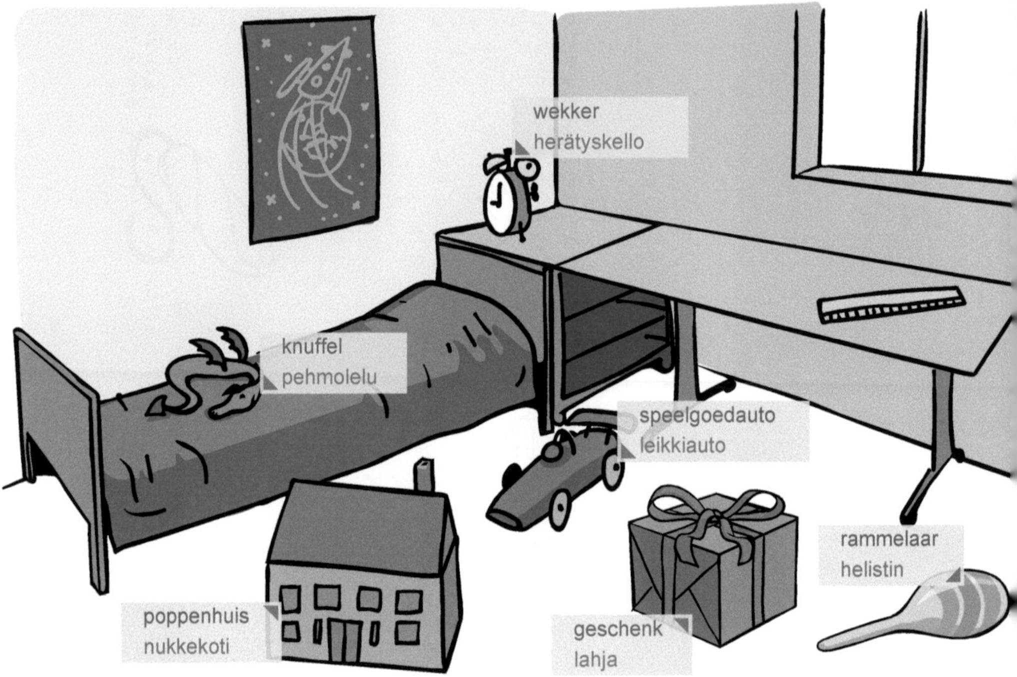

wekker
herätyskello
knuffel
pehmolelu
speelgoedauto
leikkiauto
rammelaar
helistin
poppenhuis
nukkekoti
geschenk
lahja

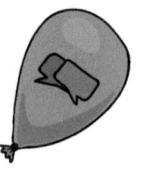

ballon

ilmapallo

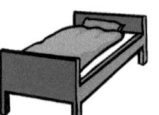

bed

sänky

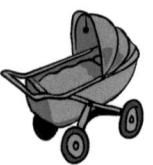

kinderwagen

lastenvaunut

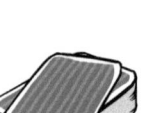

spel kaarten

korttipeli

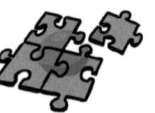

puzzel

palapeli

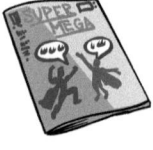

stripboek

sarjakuva

legoblokjes

legopalikat

blokken

rakennuspalikat

actiefiguur

supersankari

kruippakje

potkupuku

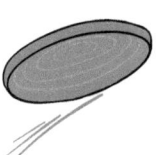

frisbee

frisbee

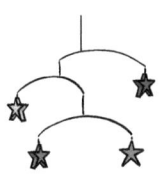

mobiel

mobile

bordspel

lautapeli

dobbelsteen

noppa

modelspoorweg

pienoisjunarata

fopspeen

tutti

feest

juhlat

prentenboek

kuvaklrja

bal

pallo

pop

nukke

spelen

leikkiä

zandbak
hiekkalaatikko

schommel
keinu

speelgoed
lelut

spelconsole
pelikonsoli

driewieler
kolmipyörä

knuffelbeer
nalle

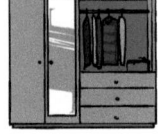

kleerkast
vaatekaappi

kleding
vaatteet

sokken
sukat

kousen
nylonsukat

maillot
sukkahousut

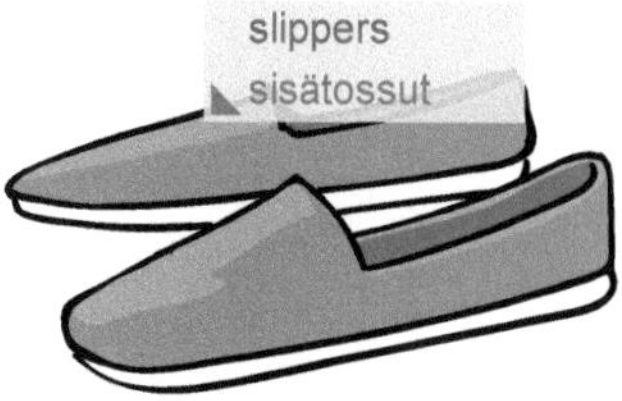

sjaal
kaulaliina

paraplu
sateenvarjo

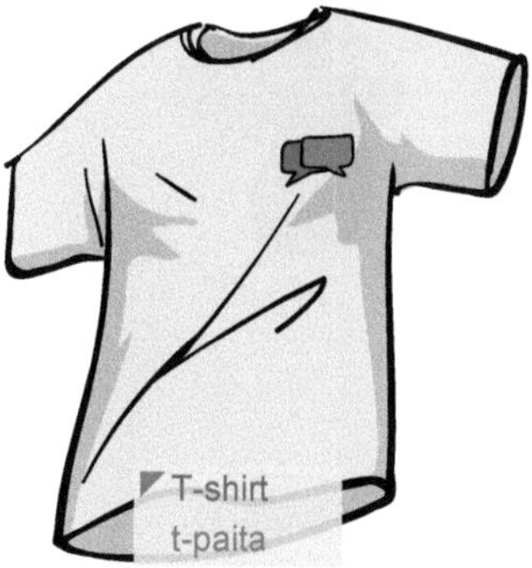

T-shirt
t-paita

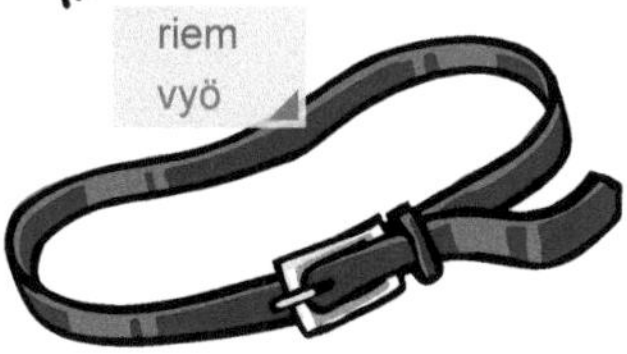

riem
vyö

laarzen
saappaat

slippers
sisätossut

sneakers
lenkkarit

sandalen
....
sandaalit

schoenen
....
kengät

rubberlaarzen
....
kumisaappaat

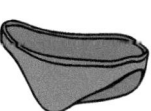
onderbroek
....
alushousul

beha
....
rintaliivit

onderhemd
....
aluspaita

lichaam

body

broek

housut

jeans

farkut

rok

hame

blouse

pusero

hemd

paita

trui

villapaita

capuchontrui

collegepaita

blazer

jakku

jas

takki

jas

takki

regenjas

sadetakki

kostuum

puku

jurk

mekko

trouwjurk

hääpuku

pak
puku

nachthemd
yöpaita

pyjama
pyjama

sari
shari

hoofddoek
päähuivi

tulband
turbaani

boerka
burka

kaftan
kaftaani

abaya
abaya

badpak
uimapuku

zwembroek
uimahousut

short
shortsit

trainingspak
verkkarit

schort
esiliina

handschoenen
käsineet

knoop

nappi

bril

silmälasit

armband

rannekoru

ketting

kaulakoru

ring

sormus

oorbel

korvakoru

pet

lippalakki

kapstok

ripustin

hoed

hattu

das

solmio

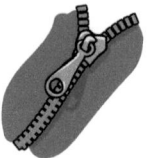

rits

vetoketju

helm

kypärä

bretellen

henkselit

schooluniform

koulupuku

uniform

univormu

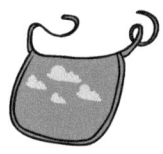

slabbetje

ruokalappu

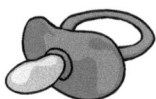

fopspeen

tutti

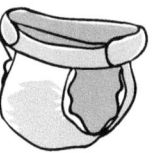

luier

vaippa

kantoor
toimisto

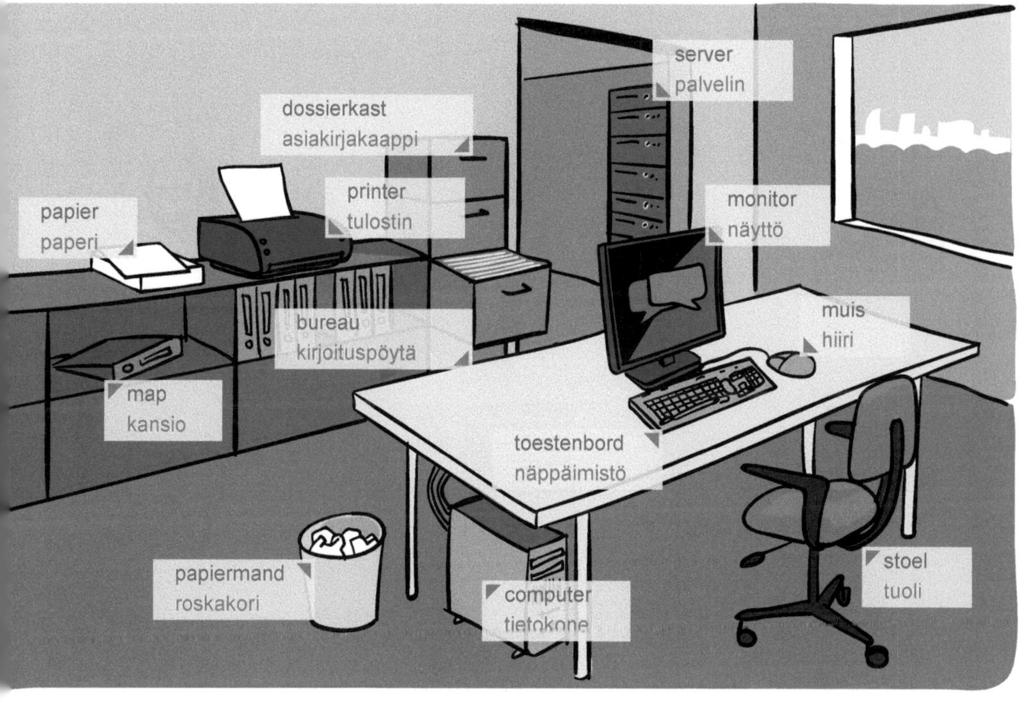
server
palvelin
dossierkast
asiakirjakaappi
papier
paperi
printer
tulostin
monitor
näyttö
bureau
kirjoituspöytä
muis
hiiri
map
kansio
toestenbord
näppäimistö
papiermand
roskakori
stoel
tuoli
computer
tietokone

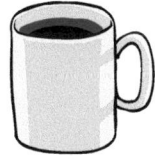

koffiemok

kahvimuki

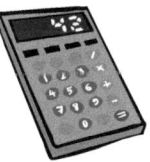

rekenmachine

taskulaskin

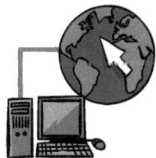

internet

internet

laptop

kannettava tietokone

brief

kirje

bericht

viesti

gsm

kännykkä

netwerk

verkko

kopieerapparaat

kopiokone

software

ohjelmisto

telefoon

puhelin

stopcontact

pistorasia

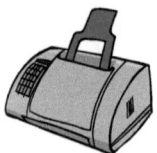

fax

faksi

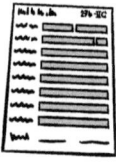

formulier

lomake

document

asiakirja

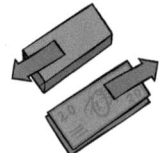

kopen
ostaa

betalen
maksaa

handelen
vaihtaa

geld
raha

USD

dollar
dollari

EUR

euro
euro

JPY

yen
jeni

RUB

roebel
rupla

CHF

Zwitserse frank
frangi

CNY

Chinese renminbi
renminbi juan

INR

roepie
rupia

geldautomaat
pankkiautomaatti

wisselkantoor

rahanvaihto

goud

kulta

zilver

hopea

olie

öljy

energie

energia

prijs

hinta

contract

sopimus

belasting

vero

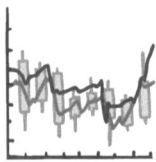

aandeel

osake

werken

työskennellä

werknemer

työntekijä

werkgever

työnantaja

fabriek

tehdas

winkel

liike

beroepen
ammatit

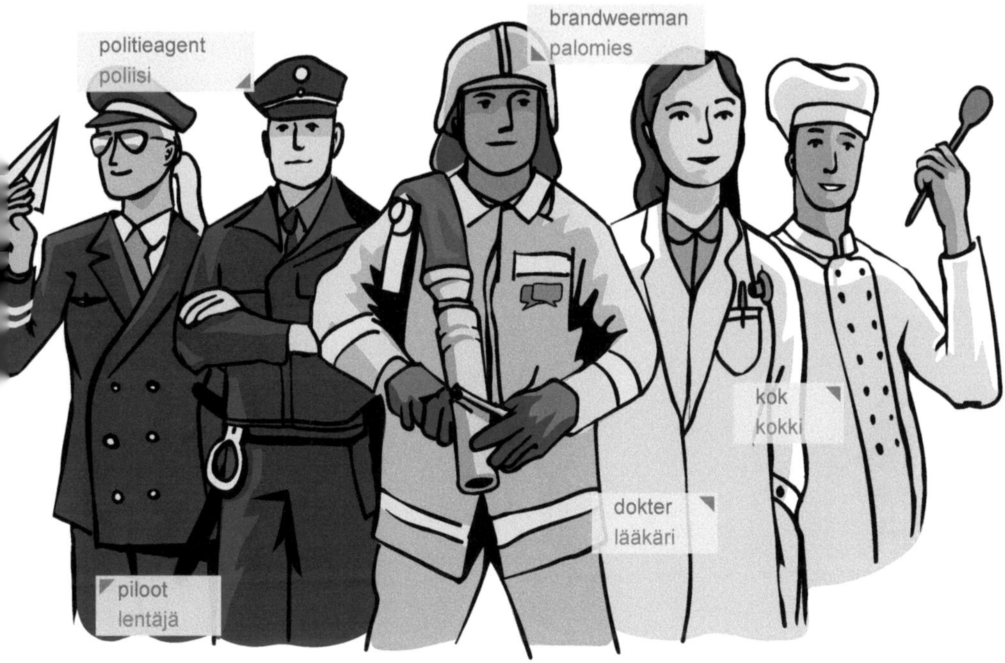

politieagent
poliisi
brandweerman
palomies
kok
kokki
dokter
lääkäri
piloot
lentäjä

tuinman
puutarhuri

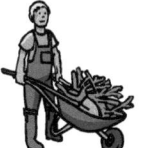

timmerman
puuseppä

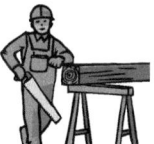

naaister
ompelija

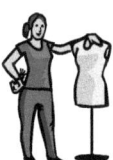

rechter
tuomari

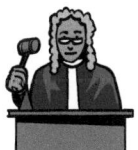

chemicus
kemisti

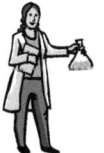

acteur
näyttelijä

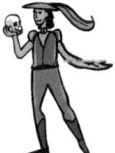

buschauffeur

linja-autonkuljettaja

taxichauffeur

taksinkuljettaja

visser

kalastaja

schoonmaakster

siivooja

dakdekker

katontekijä

ober

tarjoilija

jager

metsästäjä

schilder

maalari

bakker

leipuri

elektricien

sähköasentaja

bouwvakker

rakentaja

ingenieur

insinööri

slager

teurastaja

loodgieter

putkiasentaja

postbode

postinjakaja

beroepen - ammatit

soldaat

sotilas

architect

arkkitehti

kassier

kassanhoitaja

bloemist

floristi

kapper

kampaaja

conducteur

konduktööri

mecanicien

mekaanikko

kapitein

kapteeni

tandarts

hammaslääkäri

wetenschapper

tiedemies

rabbijn

rabbi

imam

imaami

monnik

munkki

geestelijke

pappi

werktuigen
työkalut

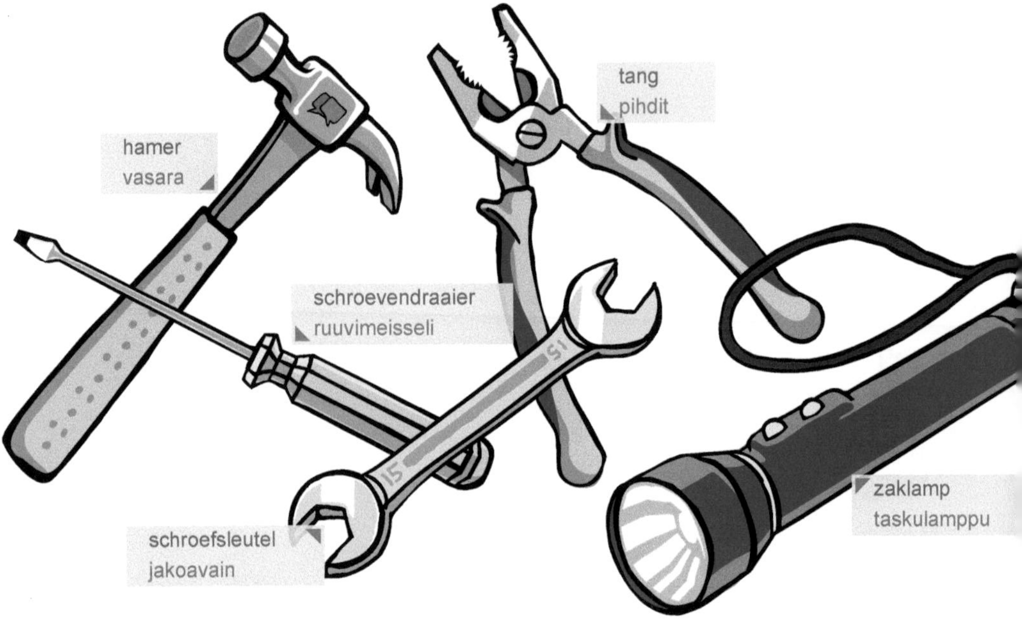
tang
pihdit
hamer
vasara
schroevendraaier
ruuvimeisseli
zaklamp
taskulamppu
schroefsleutel
jakoavain

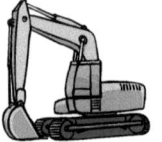

graafmachine

kaivinkone

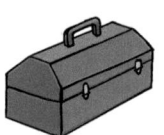

gereedschapskoffer

työkalupakki

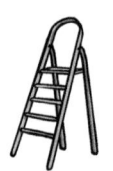

ladder

tikkaat

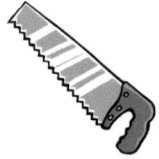

zaag

saha

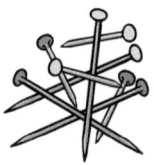

spijkers

naulat

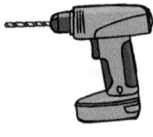

boormachine

pora

repareren

korjata

schop

lapio

Verdomme!

Hitto!

blik

rikkalapio

verfpot

maalipurkki

schroeven

ruuvit

muziekinstrumenten
soittimet

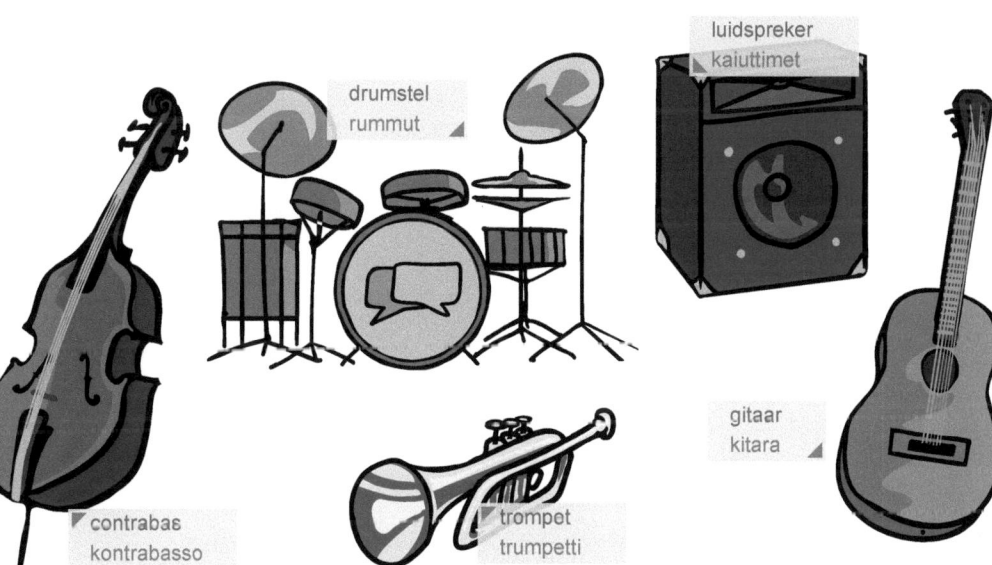

drumstel
rummut

luidspreker
kaiuttimet

contrabas
kontrabasso

trompet
trumpetti

gitaar
kitara

piano

piano

viool

viulu

basgitaar

basso

pauk

patarummut

trommels

rumpu

keyboard

kosketinsoitin

saxofoon

saksofoni

fluit

huilu

microfoon

mikrofoni

zoo
eläintarha

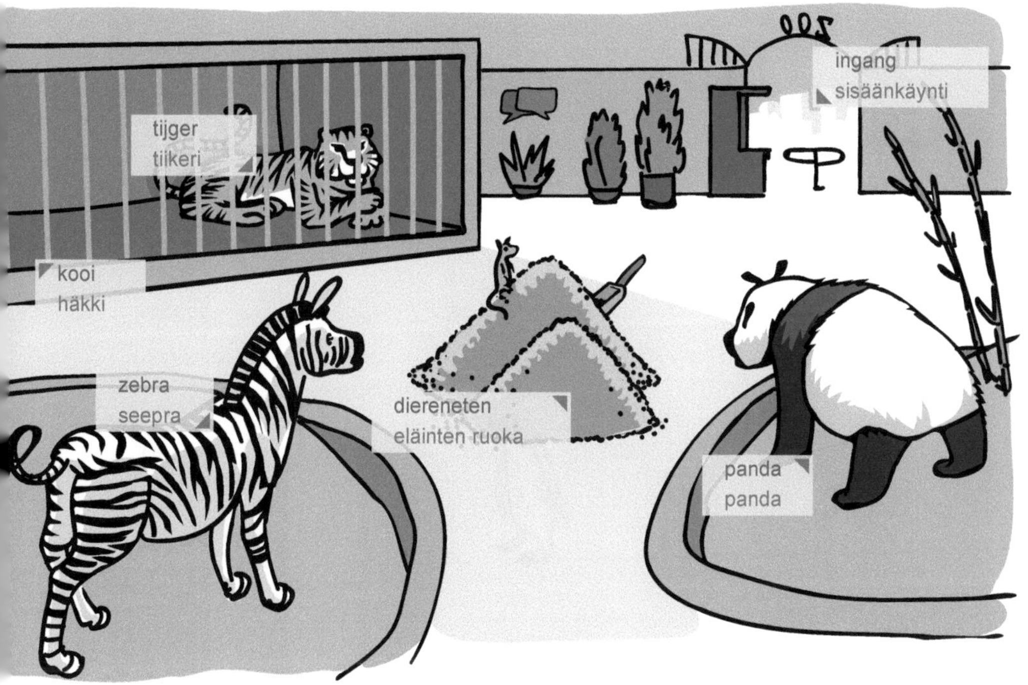
ingang
sisäänkäynti
tijger
tiikeri
kooi
häkki
zebra
seepra
diereneten
eläinten ruoka
panda
panda

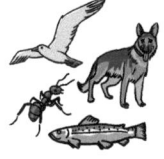

dieren

eläimet

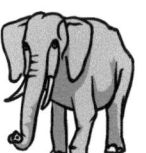

olifant

norsu

kangoeroe

kenguru

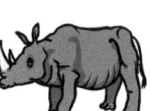

neushoorn

sarvikuono

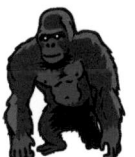

gorilla

gorilla

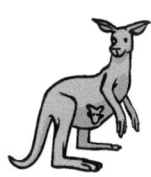

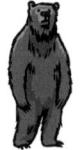

beer

karhu

kameel

kameli

struisvogel

strutsi

leeuw

leijona

aap

apina

flamingo

flamingo

papegaai

papukaija

ijsbeer

jääkarhu

pinguïn

pingviini

haai

hai

pauw

riikinkukko

slang

käärme

krokodil

krokotiili

dierenverzorger

eläintarhanhoitaja

zeehond

hylje

jaguar

jaguaari

pony

poni

luipaard

leopardi

nijlpaard

virtahepo

giraffe

kirahvi

adelaar

kotka

wild zwijn

villisika

vis

kala

zeeschildpad

kilpikonna

walrus

mursu

vos

kettu

gazelle

gaselli

rugby
amerikkalainen jalkapallo

wielrennen
pyöräily

tennis
tennis

basketbal
koripallo

zwemmen
uinti

boksen
nyrkkeily

ijshockey
jääkiekko

voetbal

jalkapallo

badminton

sulkapallo

atletiek

yleisurheilu

handbal

käsipallo

skiën

hiihto

polo

poolo

activiteiten
aktiviteetit

lachen
nauraa
springen
hypätä
knuffelen
halata
wandelen
kävellä
zingen
laulaa
dromen
unelmoida
bidden
rukoilla
kussen
suudella

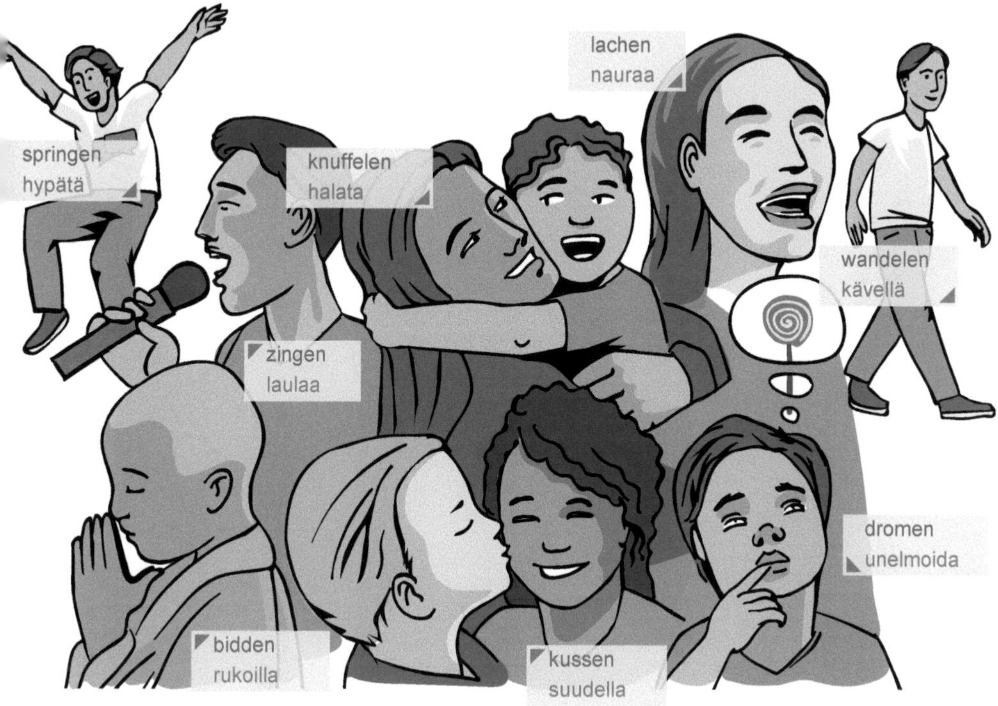

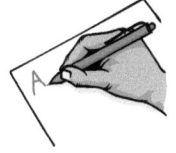

schrijven

kirjoittaa

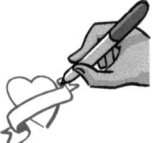

tekenen

piirtää

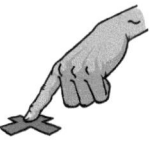

tonen

näyttää

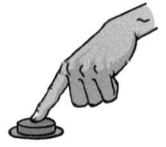

duwen

painaa

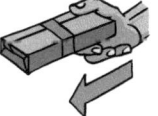

geven

antaa

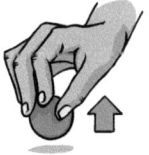

nemen

ottaa

hebben

omistaa

doen

tehdä

zijn

olla

staan

seisoa

lopen

juosta

trekken

vetää

gooien

heittää

vallen

kaatua

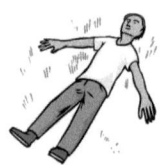

liggen

maata

wachten

odottaa

dragen

kantaa

zitten

istua

aankleden

pukeutua

slapen

nukkua

ontwaken

herätä

kijken naar

katsoa

wenen

itkeä

aaien

silittää

kammen

kammata

praten

puhua

begrijpen

ymmärtää

vragen

kysyä

luisteren

kuunnella

drinken

juoda

eten

syödä

opruimen

siivota

houden van

rakastaa

koken

keittää

rijden

ajaa

vliegen

lentää

zeilen

purjehtia

rekenen

laskea

Lezen

lukea

leren

oppia

werken

työskennellä

trouwen

mennä naimisiin

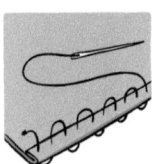

naaien

ommella

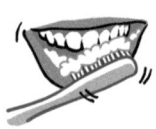

tandenpoetsen

pestä hampaat

doden

tappaa

roken

tupakoida

sturen

lähettää

grootmoeder
mummo

grootvader
ukki

vader
isä

moeder
äiti

baby
vauva

dochter
tytär

zoon
poika

gast
vieras

tante
täti

oom
setä

broer
veli

zus
sisko

lichaam

vartalo

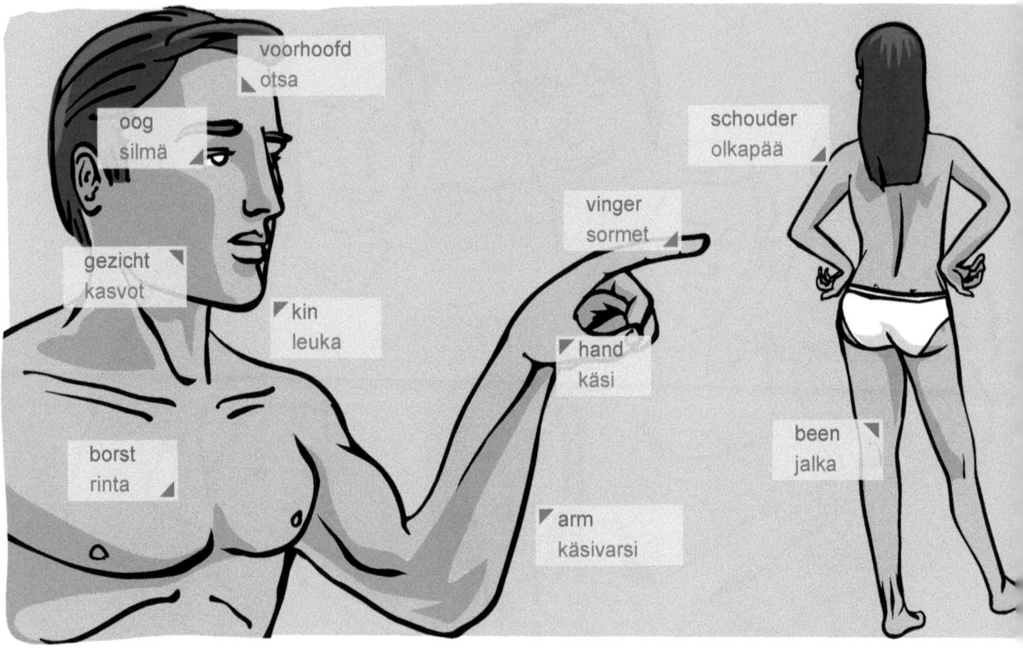
voorhoofd
otsa
oog
silmä
schouder
olkapää
vinger
sormet
gezicht
kasvot
kin
leuka
hand
käsi
been
jalka
borst
rinta
arm
käsivarsi

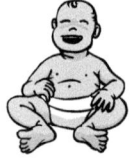

baby

vauva

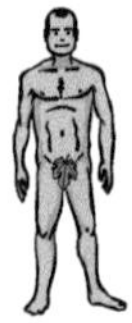

man

mies

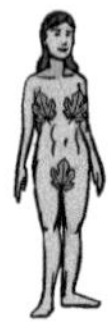

vrouw

nainen

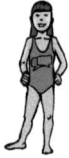

meisje

tyttö

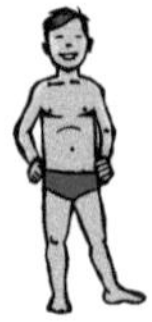

jongen

poika

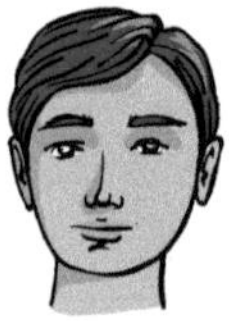

hoofd

pää

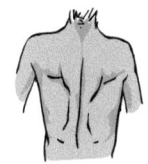

rug

selkä

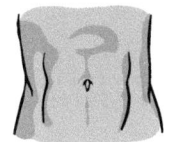

buik

maha

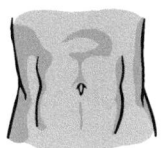

navel

napa

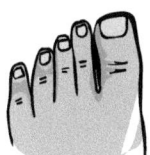

teen

varvas

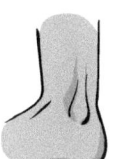

hiel

kantapää

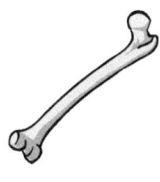

bot

luu

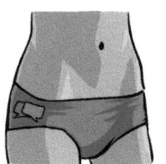

heup

lantio

knie

polvi

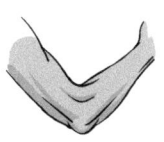

elleboog

kyynärpää

neus

nenä

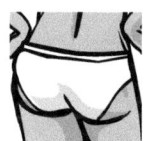

zitvlak

takapuoli

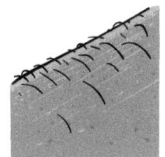

huid

iho

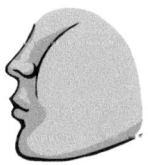

wang

poski

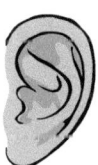

oor

korva

lip

huuli

mond
suu

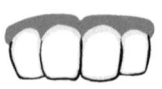

tand
hammas

tong
kieli

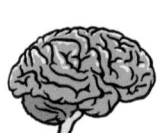

hersenen
aivot

hart
sydän

spier
lihas

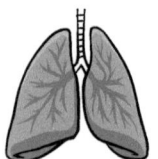

long
keuhkot

lever
maksa

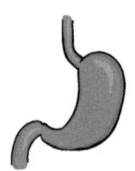

maag
vatsa

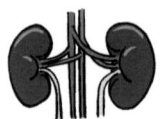

nieren
munuaiset

seks
seksi

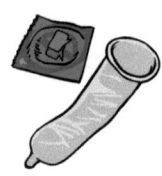

condoom
kondomi

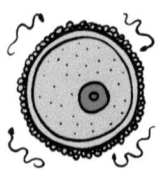

eicel
munasolu

sperma
sperma

zwangerschap
raskaus

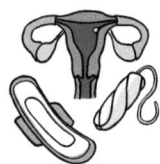

menstruatie
kuukautiset

vagina
vagina

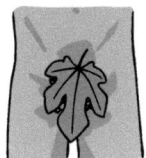

penis
penis

wenkbrauw
kulmakarvat

haar
hiukset

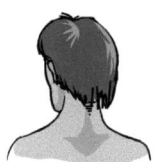

nek
niska

ziekenhuis
sairaala

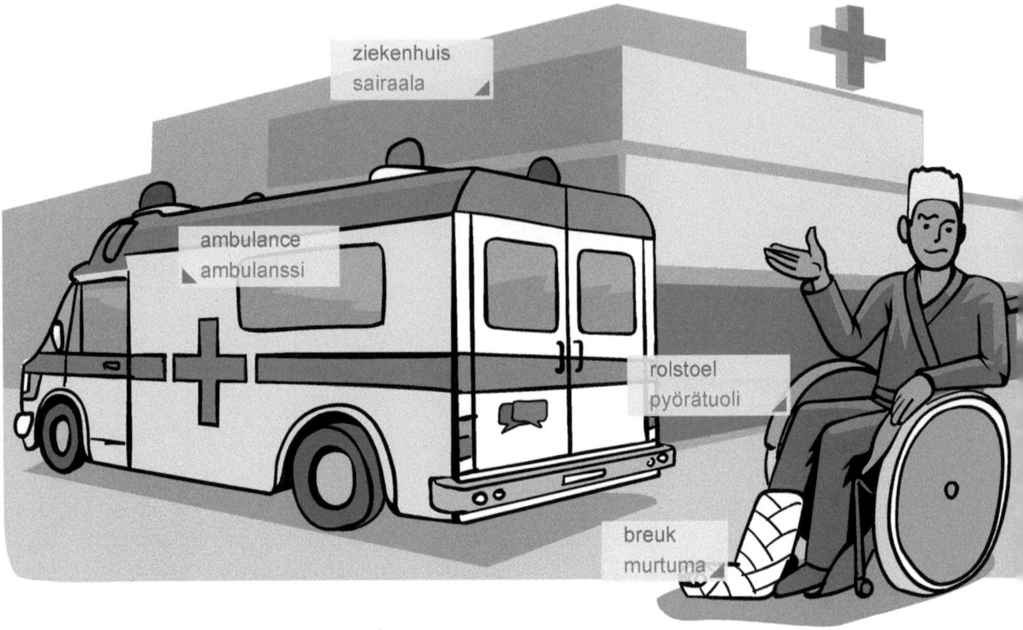

ziekenhuis
sairaala
ambulance
ambulanssi
rolstoel
pyörätuoli
breuk
murtuma

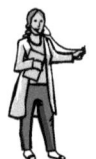

dokter

lääkäri

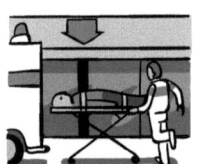

spoed

ensiapu

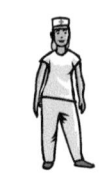

verpleegkundige

sairaanhoitaja

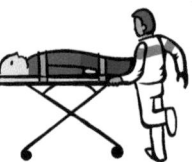

noodgeval

hätätilanne

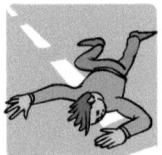

bewusteloos

tajuton

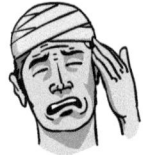

pijn

kipu

verwonding

vamma

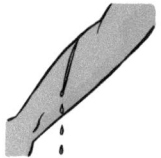

bloeding

verenvuoto

hartaanval

sydänkohtaus

beroerte

aivoinfarkti

allergie

allergia

hoest

yskä

koorts

kuume

griep

flunssa

diarree

ripuli

hoofdpijn

päänsärky

kanker

syöpä

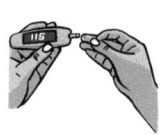

diabetes

dlabetes

chirurg

kirurgi

scalpel

veitsi

operatie

leikkaus

CT

ct

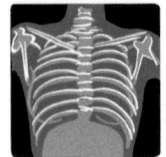

röntgenstraal

röntgen

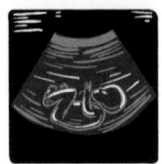

ultrageluid

ultraääni

gezichtsmasker

maski

ziekte

sairaus

wachtkamer

odotushuone

kruk

sauva

pleister

laastari

verband

side

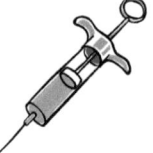

injectie

pistos

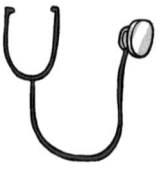

stethoscoop

stetoskooppi

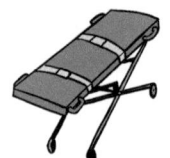

brancard

paarit

thermometer

kuumemittari

geboorte

syntymä

overgewicht

ylipaino

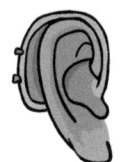

hoorapparaat

kuulolaite

ontsmettingsmiddel

desinfiointiaine

infectie

infektio

virus

virus

HIV / AIDS

HIV / AIDS

medicijn

lääke

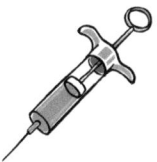

vaccinatie

rokotus

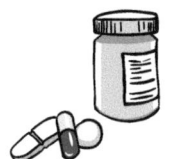

tabletten

tabletit

pil

pilleri

noodoproep

hätäpuhelu

bloeddrukmeter

verenpaincmittari

ziek / gezond

sairas / terve

Help!

Apua!

alarm

hälytys

overval

ryöstö

aanval

hyökkäys

gevaar

vaara

nooduitgang

hätäuloskäynti

Brand!

Tulipalo!

brandblusser

palosammutin

ongeval

onnettomuus

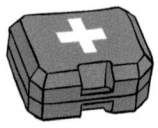

EHBO-kit

ensiapulaukku

SOS

SOS

politie

poliisilaitos

Europa

Eurooppa

Noord-Amerika

Pohjois-Amerikka

Zuid-Amerika

Etelä-Amerikka

Afrika

Afrikka

Azië

Aasia

Australië

Australia

Atlantische Oceaan

Atlantin valtameri

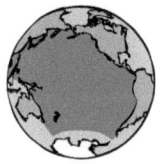

Stille Oceaan

Tyynimeri

Indische Oceaan

Intian valtameri

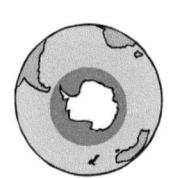

Antarctische Oceaan

Eteläinen jäämeri

Arctische Oceaan

Pohjoinen jäämeri

Noordpool

pohjoisnapa

Zuidpool

etelänapa

Antarctica

Antarktis

aarde

maa

land

maa

zee

meri

eiland

saari

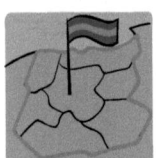

natie

kansa

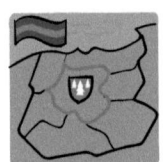

staat

osavaltio

wijzerplaat

kellotaulu

uurwijzer

tuntiviisari

minuutwijzer

minuuttiviisari

secondewijzer

sekuntiviisari

Hoe laat is het?

Paljonko kello on?

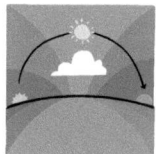

dag

päivä

tijd

aika

nu

nyt

digitale horloge

digitaalikello

minuut

minuutti

uur

tunti

week

viikko

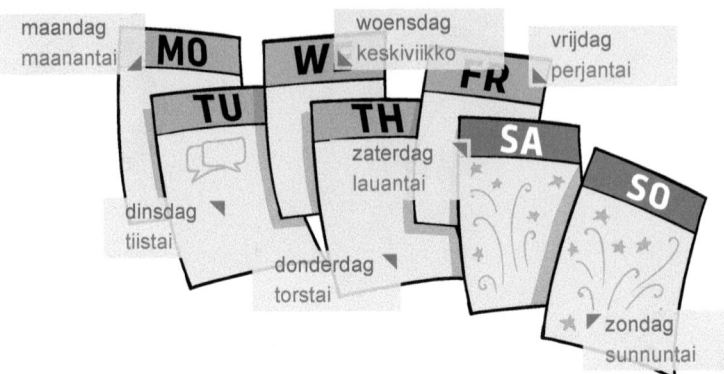

maandag / maanantai — MO
woensdag / keskiviikko — W
vrijdag / perjantai — FR
TU
TH
SA
dinsdag / tiistai
zaterdag / lauantai
SO
donderdag / torstai
zondag / sunnuntai

gisteren
....
eilen

vandaag
....
tänään

morgen
....
huomenna

ochtend
....
aamu

middag
....
keskipäivä

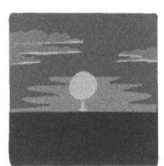

avond
....
ilta

MO	TU	WE	TH	FR	SA	SU
1	2	3	4	5	6	7
8	9	10	11	12	13	14
15	16	17	18	19	20	21
22	23	24	25	26	27	28
29	30	31	1	2	3	4

werkdagen
....
työpäivät

MO	TU	WE	TH	FR	SA	SU
1	2	3	4	5	6	7
8	9	10	11	12	13	14
15	16	17	18	19	20	21
22	23	24	25	26	27	28
29	30	31	1	2	3	4

weekend
....
viikonloppu

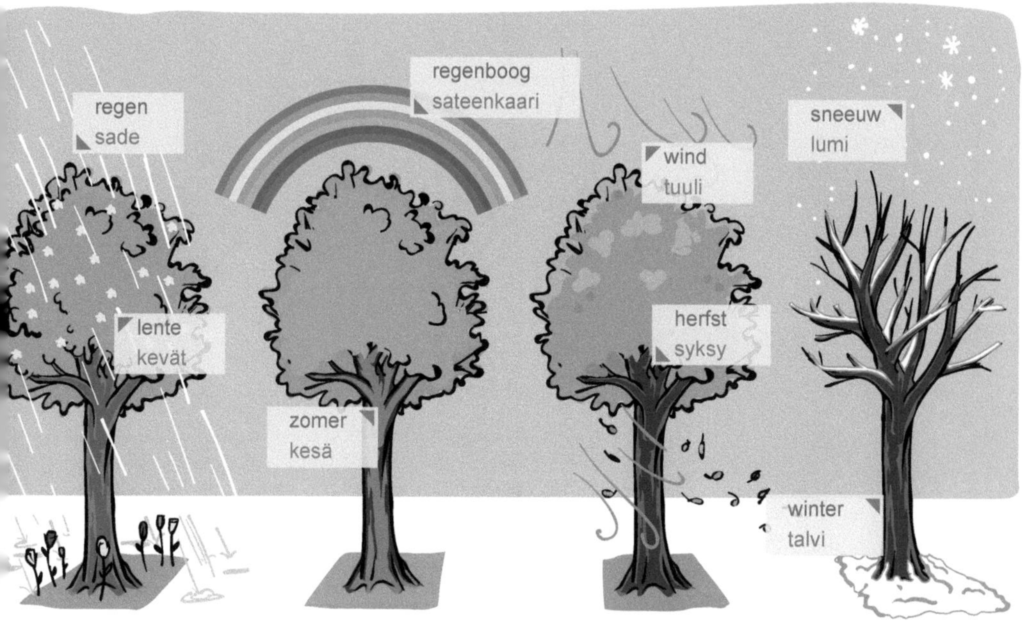

regen
sade
regenboog
sateenkaari
wind
tuuli
sneeuw
lumi
lente
kevät
zomer
kesä
herfst
syksy
winter
talvi

4.APRIL 11°
5.APRIL 4°
6.APRIL 13°
7.APRIL 8°
8.APRIL 10°

weervoorspelling

sääennuste

F C
120 40
90 30
60 20
30 10
0 0
-30 -10
-20

thermometer

lämpömittari

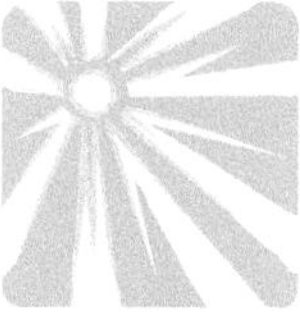

zonneschijn

auringonpaiste

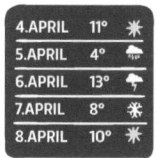

wolk

pilvi

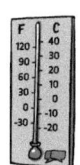

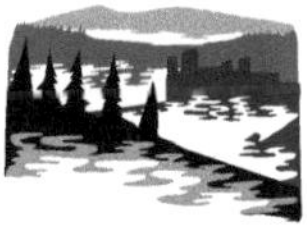

mist

sumu

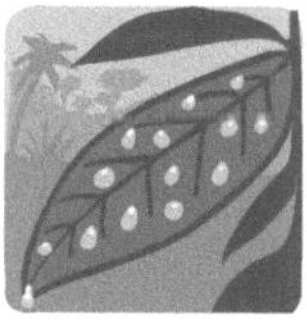

vochtigheid

ilmankosteus

bliksem

salama

donder

ukkonen

storm

myrsky

hagel

rae

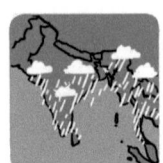

moesson

monsuuni

overstroming

tulva

ijs

jää

januari

tammikuu

februari

helmikuu

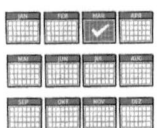

maart

maaliskuu

april

huhtikuu

mei

toukokuu

juni

kesäkuu

juli

heinäkuu

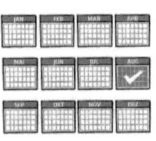

augustus

elokuu

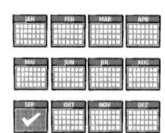

september
....
syyskuu

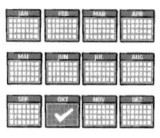

oktober
....
lokakuu

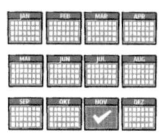

november
....
marraskuu

december
....
joulukuu

vormen
muodot

cirkel
....
ympyrä

kwadraat
....
neliö

rechthoek
....
suorakulmio

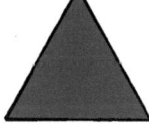

driehoek
....
kolmio

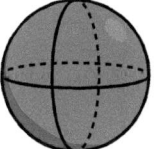

bol
....
pallo

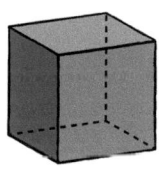

kubus
....
kuutio

kleuren
värit

wit
....
valkoinen

geel
....
keltainen

oranje
....
oranssi

roze
....
vaaleanpunainen

rood
....
punainen

paars
....
violetti

blauw
....
sininen

groen
....
vihreä

bruin
....
ruskea

grijs
....
harmaa

zwart
....
musta

veel / weinig

paljon / vähän

boos / kalm

vihainen / ystävällinen

mooi / lelijk

kaunis / ruma

begin / einde

alku / loppu

groot / klein

suuri / pieni

licht / donker

vaalea / tumma

broer / zus

veli / sisko

proper / vuil

puhdas / likainen

volledig / onvolledig

täydellinen / epätäydellinen

dag / nacht

päivä / yö

dood / levend

kuollut / elävä

breed / smal

leveä / kapea

eetbaar / oneetbaar

syötävä / syömäkelvoton

kwaadaardig / vriendelijk

paha / kiltti

opgewonden / verveeld

innostunut / tylsistynyt

dik / dun

lihava / laiha

eerst / laatst

ensimmäinen / viimeinen

vriend / vijand

ystävä / vihollinen

vol / leeg

täysi / tyhjä

hard / zacht

kova / pehmeä

zwaar / licht

painava / kevyt

honger / dorst

nälkä / jano

ziek / gezond

sairas / terve

illegaal / legaal

laiton / laillinen

intelligent / dom

älykäs / tyhmä

links / rechts

vasen / oikea

dichtbij / veraf

lähellä / kaukana

nieuw / gebruikt
uusi / käytetty

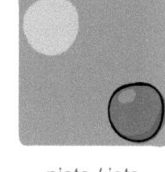

niets / iets
ei mitään / jotain

oud / jong
vanha / nuori

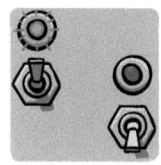

aan / uit
päällä / pois päältä

open / dicht
auki / kiinni

stil / luid
hiljainen / äänekäs

rijk / arm
rikas / köyhä

juist / fout
oikein / väärin

ruw / glad
karhea / sileä

droevig / blij
surullinen / iloinen

kort / lang
lyhyt / pitkä

traag / snel
hidas / nopea

nat / droog
märkä / kuiva

warm / koud
lämmin / viileä

oorlog / vrede
sota / rauha

0

nul
....
nolla

1

één
....
yksi

2

twee
....
kaksi

3

drie
....
kolme

4

vier
....
neljä

5

vijf
....
viisi

6

zes
....
kuusi

7

zeven
....
seitsemän

8

acht
....
kahdeksan

9

negen
....
yhdeksän

10

tien
....
kymmenen

11

elf
....
yksitoista

12
twaalf
kaksitoista

13
dertien
kolmetoista

14
veertien
neljätoista

15
vijftien
viisitoista

16
zestien
kuusitoista

17
zeventien
seitsemäntoista

18
achtien
kahdeksantoista

19
negentien
yhdeksäntoista

20
twintig
kaksikymmentä

100
honderd
sata

1.000
duizend
tuhat

1.000.000
miljoen
miljoona

Engels

englanti

Amerikaans Engels

amerikanenglanti

Chinees (Mandarijn)

mandariinikiina

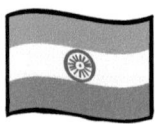

Hindi

hindi

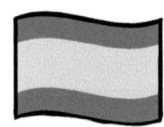

Spaans

espanja

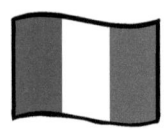

Frans

ranska

Arabisch

arabia

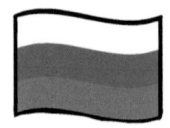

Russisch

venäjä

Portugees

portugali

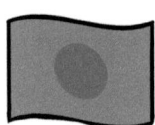

Bengali

bengali

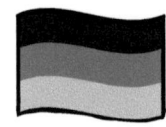

Duits

saksa

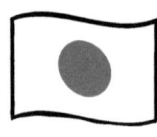

Japans

japani

ik

minä

u

sinä

hij / zij / het

hän

wij

me

u

te

ze

he

wie?

kuka?

wat?

mitä / mikä?

hoe?

miten?

waar?

missä?

wanneer?

milloin?

naam

nimi

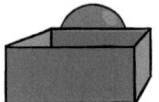

achter

takana

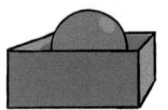

in

sisällä

voor

edessä

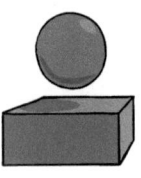

boven

yläpuolella

op

päällä

onder

alapuolella

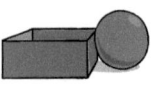

naast

vieressä

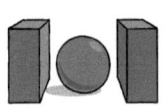

tussen

välissä

plaats

paikka